AF331298

TOMBEAU DE SAINTE ANNE

A JÉRUSALEM

PAR

G. MAUSS

ANCIEN ARCHITECTE DE L'ÉGLISE SAINTE ANNE

Vetera sed non Nova

PARIS

ERNEST LEROUX, ÉDITEUR

RUE BONAPARTE, 28

—

1893

INVENTION DU TOMBEAU DE SAINTE ANNE

A JÉRUSALEM

INVENTION

DU

TOMBEAU DE SAINTE ANNE

A JÉRUSALEM

PAR

G. MAUSS

ANCIEN ARCHITECTE DE L'ÉGLISE SAINTE ANNE

———

PARIS

ERNEST LEROUX, ÉDITEUR

RUE BONAPARTE, 28

—

1893

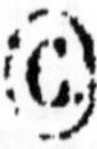

INVENTION

DU

TOMBEAU DE SAINTE ANNE

A JÉRUSALEM

———

Vetera sed non Nova

Dans une conférence publique faite au Couvent des Dominicains de Jérusalem, et à laquelle assistait le Consul général de France, le R. P. Léon Cré, supérieur des missionnaires de Sᵗᵉ Anne, vient d'annoncer « *urbi et orbi* » qu'il a *découvert le tombeau de Saint Joachim et de Sainte Anne, dans le voisinage immédiat* de la Grotte traditionnelle *de la Nativité de la Vierge.*

Le R. P. a profité de cette importante communication pour exposer ses idées personnelles sur l'époque probable de la construction de l'Eglise dont il a l'honneur d'être le Père gardien.

Il ressort de son discours que *l'Eglise Sainte Anne* remonte à Constantin-le-Grand, c'est-à-dire à la première moitié du ivᵉ siècle.

Pour justifier une hypothèse aussi extraordinaire, le R. P. Cré a affirmé, entre autres choses, que les voûtes du transept de cette Eglise sont *en berceau* — et, de ce berceau, il conclut l'âge de son Eglise.

Mais les affirmations les plus solennelles relatives à un fait que tout le monde peut vérifier, ne prévaudront jamais contre la vérification de ce fait.

A ces affirmations, les maçons répondent : « *Les Cotes font foi.* » Si les voûtes du transept de l'Eglise Sainte Anne sont *en berceau*, la hauteur de chacune d'elles sera égale à la demi-largeur et la section transversale sera un demi-cercle.

Or, les mesures de la voûte du bras de transept *Sud* sont :

$$\text{Hauteur} = 4^m 30 \dots \dots \quad 4,30$$
$$\text{Largeur} = 7\ 73 - \tfrac{1}{2} \dots \quad 3,865$$
$$\text{Différence} \dots \dots \quad \overline{0,435}$$

Les mesures de la voûte du bras de transept *Nord* sont :

$$\text{Hauteur} = 3^m 90 \dots \dots \quad 3,90$$
$$\text{Largeur} = 7\ 53 - \tfrac{1}{2} \dots \quad 3,765$$
$$\text{Différence} \dots \dots \quad \overline{0,135}$$

La *brisure* de la voûte *Nord* est moins accentuée que celle de la voûte *Sud* — mais, dans l'une comme dans l'autre, *il y a brisure.* — *Les Cotes font foi.* — Tous les arcs de l'Eglise Sainte Anne étant brisés, comme l'avait, autrefois, fort bien observé M. de Vogüé, il eût été bien surprenant que les voûtes du transept ne le fussent point aussi.

Les *arcs doubleaux* qui supportent la coupole sont brisés.

Les *arcs de tête* des absides sont brisés.

La *coupole* elle-même donne une section brisée.

Les *voûtes du transept* ne font donc pas exception à la règle générale adoptée dans la construction de cette Eglise qui, par son ensemble comme par ses détails, ne peut être sérieusement attribuée au siècle de Constantin. La basilique de Beit-Lehm nous autorise à protester contre une telle attribution.

Mais le R. P. Cré est comme son illustre chef. Il affirme et c'est assez.

Son Eminence le Cardinal Lavigerie, qui n'était alors qu'archevêque d'Alger, me fit un jour l'honneur de me consulter sur la destination que j'attribuais à l'*arrière-grotte* de la Crypte de Sainte Anne.

Ma réponse fut que c'était *une ancienne citerne*, ainsi que le le prouvait sa forme, son enduit, son radier, sa margelle usée par les cordes et l'orifice de l'arrivée des eaux.

— C'est possible, me répondit l'éminent prélat. Mais moi, je crois que c'est l'ancien *Tombeau de Sainte Anne* qui a pu être transformé en citerne.

Je fis alors timidement observer qu'à la fin du siècle dernier, et même au commencement du nôtre, *la citerne* dont toutes les parois sont taillées dans le rocher, n'était pas en communication avec la crypte traditionnelle — que, du côté de la crypte, nous n'avions rencontré aucune trace de *maçonnerie* pouvant faire supposer qu'une ancienne ouverture eût été murée, — *qu'enfin l'orifice de pénétration est moderne et taillé dans le rocher.*

A ces objections assez embarrassantes, Sa Grandeur répondit : « Eh bien! *Cela m'est égal.* — Mon siège est fait.

Le mot est historique.

Et vers le même temps parut une brochure hérissée de dates, de citations et de textes anciens, à l'aide desquels Sa Grandeur s'efforçait de démontrer à l'Évêque de Vannes que *la citerne* en question était l'ancien Tombeau de Sainte Anne. Ainsi, le jour même de la prise de possession de l'Église Sainte Anne par les missionnaires d'Alger, la *découverte* du Tombeau de Sainte Anne avait été décidée. *Mon siège est fait!* C'est ainsi que beaucoup d'hommes à idées préconçues font de l'histoire, de l'archéologie... et des Tombeaux.

Le R. P. Cré semble avoir hérité de son chef la faculté de voir les choses là où elles n'ont jamais pu être. Il veut bien, aujourd'hui, reconnaître que *la citerne* dont nous parlons plus haut, n'a jamais été autre chose qu'une citerne; mais comme, lui aussi, a son siège fait, il tient à nous montrer *près, tout près* de la crypte traditionnelle, ce fameux tombeau dont *il a préparé* la découverte avec tant de soins et de mystère.

Il imagine de le creuser de ses propres mains. Il le crée de toutes pièces.

Le procédé est simple et à la portée de tout homme armé de bons bras, sinon de bonnes raisons. Par l'*Invention du Tombeau de Sainte Anne*, le R. P. Cré semble vouloir rivaliser avec Sainte Hélène.

Le Tombeau de Sainte Anne, tel qu'on prétend nous le montrer, n'est pas plus sérieux que la nouvelle *Piscine aux Eaux Rouges* dont l'origine antique est des plus discutables. Ces *découvertes*, mêlées de politique, seront difficilement admises par ceux qui voudront bien prendre la peine de les soumettre à un examen rigoureux et à une critique impartiale. Le devoir des missionnaires auxquels le Gouvernement français a confié la garde de l'*Église Sainte Anne*, était de ne rien ajouter à ces vieilles et respectables traditions, auxquelles on vient d'enlever toute leur fleur de naïveté.

Il était non moins inutile de chercher à perfectionner la *Piscine de Bethesda* monument d'une importance considérable, tant au point de vue de la topographie de Jérusalem qu'à celui de l'histoire évangélique, car elle permet de démontrer l'authenticité de tout un chapitre de Saint Jean.

L'*Étang de Bethesda a existé* puisque nous en possédons une partie qui comprend *deux angles taillés dans le rocher*. Si les missionnaires n'ont pas découvert le reste, c'est qu'ils n'ont pas jugé opportun de le faire. Rien, pourtant, n'était plus facile.

Les *Portiques de Bethesda ont existé*, puisque nous possédons de nombreux fragments qui nous ont permis de reconstituer une de leurs colonnes. — Mais cela ne suffisait pas, et le R. P. Cré a cherché à accumuler sur un même point, des choses et des faits qui n'ont jamais dû s'y rencontrer ensemble.

En ce qui nous concerne, nous considérons l'*Invention du Tombeau de Sainte Anne*, telle que la présente le R. P. Cré, comme un véritable sacrilège archéologique dont nous ne voulons pas être rendu complice par un silence qui pourrait être interprété comme une approbation.

Notre réserve s'applique encore à la *Nouvelle Piscine aux Eaux-Rouges*.

Quant aux théories architecturales du R. P. Cré, il serait bien long de les réfuter ici. L'honorable Missionnaire ne craint pas de faire remonter l'Église actuelle de Sainte Anne à Constantin. — Ce qui la fait contemporaine de la Basilique primitive du Saint-Sépulcre.

Une autre raison fournie par le R. P. Cré, en faveur de cette audacieuse hypothèse, serait que *les pilastres* qui supportent les arcs doubleaux des voûtes de Sainte Anne, *ont été ajoutés après coup, au IXe siècle* (?)

Il en donne pour preuve deux de ces pilastres qui, à une époque indéterminée, avaient été interrompus à une certaine hauteur et soutenus par des consoles ornées de Croix *Grecques*.

Mais le R. P. Cré ignore :

1° Qu'après les déblais de l'Église *nous avons retrouvé en place les bases de ces pilastres*.

2° Les consoles ornées de croix étaient en pierre dite : « *Kakouli* » tandis que toute l'église est en pierre Royale = « *Maleki* ».

3° Si ces pilastres avaient été construits après coup, ils n'auraient point eu de *liaison* avec le corps du pilier dont ils forment le nerf extérieur. Or, il est facile de constater que la *liaison* existe de deux en deux assises, comme cela doit être, en bonne construction, si le pilier total a été tracé dès l'origine, comme nous le voyons aujourd'hui.

Le dessin que nous avons publié de l'état dans lequel se trouvaient *deux* de ces pilastres interrompus, avant l'exécution des déblais, et avant le commencement des restaurations, indique très clairement la place des pierres qui formaient la liaison, et qui avaient été coupées pour satisfaire à des arrangements particuliers, lors de l'agrandissement du chœur.

Les piliers de *l'Église Sainte Anne* ont été conçus par l'architecte pour être tels que nous les voyons aujourd'hui, et comme ces piliers forment avec le soi-disant *berceau* des voûtes du transept, l'argument principal de la théorie constantinienne du R. P. Cré, nous demanderons ce que devient cette théorie, après les observations qui précèdent.

Si le studieux missionnaire avait eu près de lui, quelque praticien un peu clairvoyant, au lieu de n'avoir, peut-être, que des conseillers trop complaisants, il aurait pu éviter ces erreurs capitales qui ne peuvent que discréditer son jugement en matière d'architecture.

Je crois, avec M. Viollet-le-Duc, que pour faire de la bonne archéologie monumentale il faut savoir bâtir et avoir bâti.

Dans tous les temps, les méthodes ouvrières ont été à peu près les mêmes. Les réalités un peu brutales d'une construction qu'on peut soumettre à l'analyse s'adaptent mal aux théories imaginaires qu'on prétend en tirer quand on les examine trop superficiellement.

Au lieu de se faire l'exécuteur testamentaire de son Éminence le Cardinal Lavigerie, le R. P. Cré aurait dû se contenter de *l'Eglise Sainte Anne*, telle que les siècles respectueux la lui avaient léguée. — Il pouvait compléter la découverte de la *Piscine de Bethesda* sans vouloir la perfectionner par l'addition d'une *Piscine aux Eaux Rouges*.

Je signalerai encore une autre erreur du R. P. Cré quand il dit que j'ai eu *le courage* de publier que les gardiens actuels de Sainte-Anne *ont créé une tradition nouvelle*, relativement au nom qu'il convient d'attribuer à la porte de la ville voisine de la propriété française.

D'abord il n'y aurait point eu un grand courage à faire une telle déclaration. — Ensuite, je n'ai rien dit de semblable.

Je me suis borné à rappeler que les modernes se trompent en donnant le nom de Saint Etienne à une porte de la ville qui, d'après Munk (1845) et Châteaubriand (1806) — était désignée par les indigènes sous le nom de « *Bab Sitty Mariam* » ou Porte de Sainte Marie.

J'ajoutais que le nom de *Silly Mariam* donné à cette porte peut avoir pour origine ou le *Tombeau de la Vierge* situé dans la Vallée de Josaphat — ou encore le souvenir de l'ancienne église *de Sainte Marie* qui a précédé l'Eglise actuelle de Sainte Anne et dont le R. P. Cré ne dit pas un mot parce qu'il trouve sans doute que c'est un témoin gênant.

En 1806 comme en 1815, il n'était pas encore question des missionnaires d'Alger, et l'on voit que la *tradition nouvelle* dont parle le R. P. Cré existait depuis longtemps.

Quant au nom de *Saint Etienne*, il sert à désigner, *sur un plan du XIIe siècle* publié par M. le Marquis de Vogüé, la porte du nord vulgairement connue sous le nom de *Porte de Damas*.

Le plan qui accompagne la notice du R. P. Cré nous montre deux espaces marqués T et C qui n'existaient pas en *1876* et qui ont été creusés de main d'homme depuis *1888*. Ils sont à tort, indiqués comme des *découvertes*.

On ne *découvre* que ce qui existait déjà. — On ne *découvre pas* une grotte qu'on creuse soi-même ou qu'on fait creuser par d'autres.

Le petit corridor qui met en communication l'espace T avec *l'ancienne Citerne*, est aussi de fabrication récente.

Pour creuser cet espace T il a fallu démolir un mur de la crypte traditionnelle, sauf à le reconstruire ensuite dès que le corridor ci-dessus a été percé.

On voit à quel point les antiques dispositions du Sanctuaire de Sainte Anne ont été altérées par les travaux souterrains que nous avions signalés en 1892 et combien ces percements aussi imprudents qu'inutiles, pouvaient être dangereux pour la solidité de l'Eglise supérieure.

On s'étonne que le consul de France ait consenti à prendre la responsabilité de les autoriser.

Il est, maintenant permis de douter de certaines antiquités de Jérusalem, car, ce qui vient de se produire à l'Eglise Sainte Anne, a pu se produire à d'autres époques. — Et ce doute peut atteindre la Grotte de la Nativité elle-même, malgré l'antiquité des traditions qui s'y rattachent.

Nous ne supposons pas que ce soit pour une telle fin que l'Eglise Sainte Anne ait été mise aux mains des missionnaires d'Alger.

Il ne suffit pas de s'écrier : « Evohé ! nous avons enfin découvert le *vrai* Tombeau de Sainte Anne ! » pour que le monde entier accepte comme authentique ce Tombeau fait d'hier. Le doute est d'autant mieux permis, qu'en plaçant le Tombeau des parents de la Vierge, *près, tout près* de la grotte de la Nativité. c'est-à-dire *dans leur propre maison*, le R. P. Cré se trouve en contradiction avec ce que l'on sait des usages des Anciens Juifs.

Le R. P. Cré a prévu l'objection, ce qui montre avec quel soin l'*Invention du Tombeau* a été *préparée*.

Il s'appuie sur deux exceptions : *Samuel*, enseveli dans sa maison, *au village de Rama;* et *Manassé*, fils d'Ezéchias, enseveli au Jardin de Iluza. Mais dans tous les temps. les exceptions ont confirmé la règle.

La tradition antique de Jérusalem nous apprend que l'Eglise Sainte Anne a été édifiée *sur l'emplacement de la MAISON de Sainte Anne et de Saint Joachim.*

Les franciscains, par leur courageuse ténacité pendant les siècles où cette ténacité n'était pas sans danger, ont maintenu intacte la tradition relative au sanctuaire de Sainte Anne. Ils appellent encore la crypte : « *La vénérable MAISON de Sainte Anne et de Saint Joachim.*

Ils sont. en cela, parfaitement d'accord avec l'Evêque de Tyr, qui dit. au XIIe siècle : « ...... Est autem, idem locus Hierosolymi, in parte Orientali, juxta *portam quæ dicitur Josaphat.* secus lacum qui, tempore antiquo, *Probatica* dicebatur *Piscina.* ubi ostenditur *Cripta, in quá Joachim et prædictæ Annæ traditiones habent veterum,* DOMICILIA *fuisse :* ubi et virgo perpetua nata esse perhibetur. » (p. 795, lig. 17 et suivantes).

Il est regrettable qu'on ne s'en soit pas tenu à cette tradition très acceptable dans sa simplicité et qu'on ait cru devoir la compliquer par un tombeau de confection récente, qui ne peut, logiquement, avoir existé dans le même endroit que la Crypte de la Nativité, malgré les deux exceptions invoquées par le R. P. Cré.

Le *Lieu de la Nativité* implique une maison, et la maison exclut le Tombeau.

Une exception s'accorde à une illustration présente, un Juge, un Roi, et non à une illustration qui n'existe pas encore. La gloire de Sainte Anne est une gloire posthume.

Si le Tombeau de Sainte Anne avait existé *en contiguïté* avec la Grotte de la Nativité, Guillaume de Tyr n'aurait pas manqué de nous l'apprendre. A cette époque. on racontait les choses plus simplement qu'aujourd'hui.

En supposant qu'une exception ait pu être faite. en faveur de Sainte Anne, sans qu'aucune raison en puisse être fournie. nous demanderons pourquoi *la Vierge*, fille de Sainte Anne. n'aurait pas bénéficié d'une semblable faveur.

Or, c'est dans la Vallée de Josaphat qu'on montre, *jusqu'à présent*. le Tombeau de la Vierge, et c'est là aussi que les plans du franciscain Bernardino Amico, où se trouvent résumées les traditions du xvi° siècle, indiquent les Tombeaux de Sainte Anne et de Saint Joachim[1]. Ce qui s'accorde avec la coutume des anciens Juifs, qui n'enterraient pas les morts dans leur propre maison.

Dans un prochain article, nous indiquerons, avec plans à l'appui, comment il aurait fallu diriger les fouilles, pour compléter la découverte de la *Piscine de Bethesda* et de la *Bethesda* elle-même.

Paris, Juillet 1883.

C. MAUSS.
Ancien architecte de l'Église Sainte Anne.

---

1. La légende du plan de Bernardino Amico est ainsi conçue :
   I. Capella e Sepolchri di Giovachino e Anna.

NOTE

Il est incontestable que les tombes de Sainte Anne et de Saint Joachim NE FURENT POINT, A L'ORIGINE PLACÉES PRÈS DE LEUR DEMEURE.

C'était une LOI INVIOLABLE chez les Romains, comme chez les Juifs que l'on n'enterrât pas les morts dans l'intérieur des Villes : IN CIVITATE NE SEPELITO NEVE URITO.

Les deux saints Patriarches durent donc être ensevelis SELON L'USAGE, dans la Tombe de leur famille ; et, en effet la tradition de Jérusalem nous apprend qu'ils furent enterrés DANS LA VALLÉE DE JOSAPHAT.

Cette tradition TROUVE SA CONFIRMATION dans les récits des pèlerins ou des écrivains des neuf premiers siècles qui en disant de notre sanctuaire que « LA GLORIEUSE ANNE Y ENGENDRA MARIE », que c'était là « LE DOMICILE DES ANCÊTRES DE VOTRE REINE » — « LA BERGERIE DE JOACHIM ». — NE PARLENT JAMAIS du Tombeau de Sainte Anne ou de celui de Joachim.

Or, ils n'auraient pas manqué de le faire, si, en réalité leurs tombeaux s'y fussent trouvés. «

Qui parle ainsi ? — C'est l'archevêque d'Alger lui-même, pages 15-16 de sa brochure de 1879.

Sa Grandeur nous accorde donc que pendant les *neuf premiers* siècles aucun témoin ne peut être produit en faveur d'un Tombeau de Sainte Anne placé dans la Crypte même de l'Église Sainte Anne.

Pour faire admettre un tombeau, l'archevêque d'Alger est obligé de supposer une *translation* dont aucun auteur n'a jamais parlé et de placer *les reliques* dans une *Citerne* que le R. P. Cré reconnaît aujourd'hui comme n'ayant jamais été autre chose qu'une *Citerne.*

Les quatre auteurs du XIIe siècle cités par Mgr Lavigerie comme résumant la tradition catholique et latine relativement à Sainte Anne, ne parlent pas du Tombeau de Sainte Anne.

A notre tour, nous dirons : si, en réalité la Tombe de Sainte Anne se fut trouvée dans la Crypte de l'Église Sainte Anne, l'Évêque de Tyr, le plus important des quatre auteurs cités n'eut pas manqué d'en parler.

Notons que nous voici au XIIe siècle, époque de la domination des Latins à Jérusalem.

Si, du XIIe siècle nous sautons au XVIe (1595) nous voyons ce Coterie qu'on cite si souvent ne parler que des *Chambres* de Joachim et d'Anne et *du lieu rendu célèbre par la Nativité de la bienheureuse Marie.* — Tradition absolument conforme à celle que *Bernardino Amico* nous a transmise, en *1596*, et que les Franciscains qui sont à Jérusalem depuis le XIIIe siècle ont conservée jusqu'à nos jours.

Si, dans cette affaire du *prétendu Tombeau* de Sainte Anne le Gouvernement français ne craignait pas de montrer un peu de fermeté, il prescrirait une enquête et inviterait les missionnaires d'Alger à rétablir la Crypte de l'Eglise Sainte Anne dans l'état où elle était au moment où la Garde leur en a été confiée. — Le caractère principal d'un dépôt est que *le dépositaire doit rendre identiquement la chose même qu'il a reçue en dépôt* — sans lui avoir fait subir la moindre altération.

C'est le cas du monument *essentiellement historique* que la France possède à Jérusalem.

Le contrat passé, avec les missionnaires prévoit la dénonciation possible de ce contrat, si une faute grave vient à être commise dans l'administration de ce Domaine de l'Etat français en Palestine.

Au point de vue historique et nous dirons aussi, au point de vue religieux, il n'en est pas de plus grave, à nos yeux, que celle qui vient d'être commise, parce qu'elle modifie un état de choses que les missionnaires n'avaient pas le droit de changer, et dont le gouvernement lui-même, ne pouvait pas, moralement, autoriser le changement, puisque en France, il entretient tous nos vieux monuments nationaux — civils ou religieux — en conservant leur caractère primitif.

Comment admettre que les pèlerins croiront à ce Tombeau qui n'existait pas, il y a quatre ans et qu'on leur montre déjà comme renfermant le corps ou une partie du Corps de Sainte Anne ? — Les pèlerins ne sont pas tous aussi naïfs qu'on le suppose. — Quelques-uns, parmi eux, réfléchissent — étudient et savent distinguer le *Vieux du Neuf*.

Les Latins qui rient volontiers du « *feu sacré* » des Grecs, oubliant qu'à l'époque des croisades les Rois Francs présidaient la Cérémonie et remettaient eux-mêmes la clef du Saint-Sépulcre au prêtre grec qui devait *recevoir le feu*, les Latins, dis-je, s'exposent, à leur tour, à ce que les Grecs ne prennent pas très au sérieux le *Nouveau Tombeau de Sainte Anne*.

Il y aura donc maintenant, à Jérusalem, deux tombeaux de Sainte Anne. Lequel est le vrai ! ce n'est point, à coup sûr, celui que vient d'inventer le R. P. Cré.

Nous répéterons, en terminant, ce que nous disions naguère : *L'Eglise Sainte Anne était assez riche en traditions anciennes, sans qu'il fût nécessaire de lui en créer de nouvelles.*

La Crypte de l'Eglise Sainte Anne n'a jamais dépassé les limites qu'on lui a connues jusqu'en 1878.

VETERA SED NON NOVA.

Paris, Juillet 1891.

C. MAUSS.

Baugé (Maine-et-Loire) — Imprimerie DALOUX

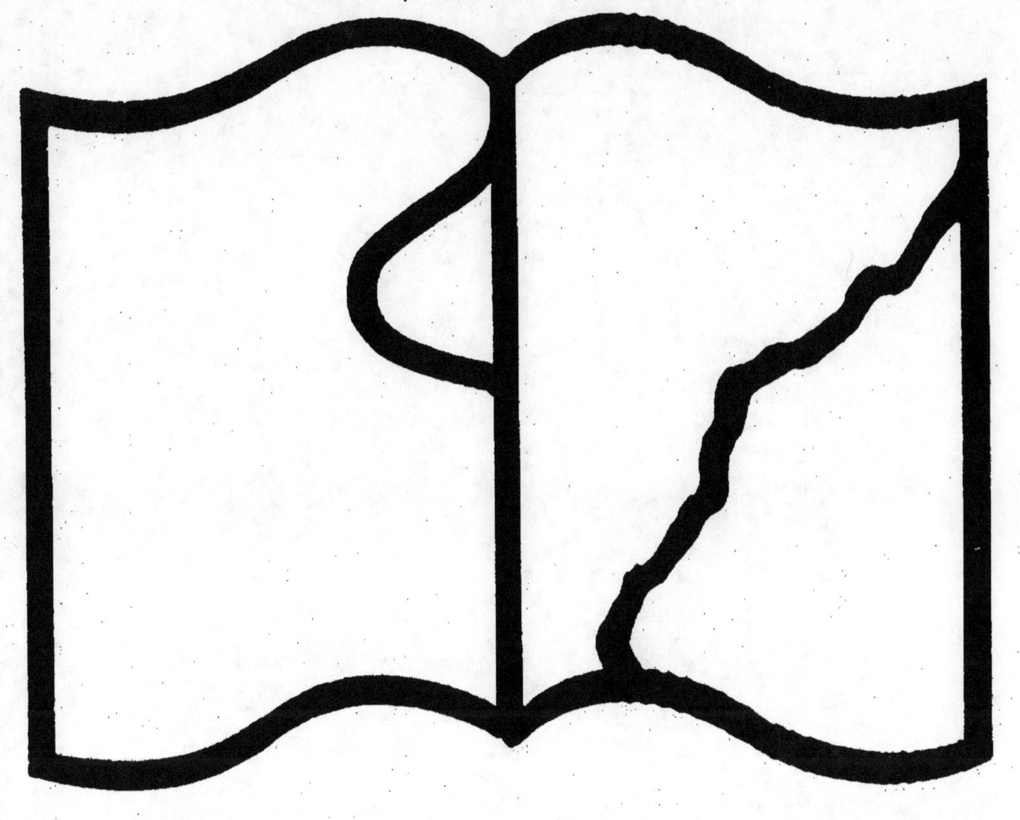

Texte détérioré — reliure défectueuse

NF Z 43-120-11